Sophie Passmann:
**Monologe angehender Psychopathen
oder: Von Pudeln und Panzern**

Ich danke meinen Eltern für alles, was war, und alles, was kommt.

Originalausgabe
Hirnkost ist eine Edition der
Archiv der Jugendkulturen Verlag KG, Berlin;
prverlag@jugendkulturen.de
© 2014 Alle Rechte vorbehalten
1. Auflage September 2014
Idee, Konzept und Ansprechpartner für
Manuskriptangebote: Klaus Farin,
klaus.farin@jugendkulturen.de

Vertrieb für den Buchhandel: Bugrim
(www.bugrim.de)
Auslieferung Schweiz: Kaktus (www.kaktus.net)
E-Books, Privatkunden und Mailorder: www.shop.
jugendkulturen.de

Layout: Sebastian Dehler
Druck: ZweiB Medienservice GmbH

ISBN 978-3-943774-94-8 print
      978-3-943774-95-5 pdf
      978-3-943774-96-2 epub

Dieses Buch gibt es auch als E-Book.

Unsere Bücher kann man auch abonnieren:
shop.jugendkulturen.de

Sophie Passmann

MONOLOGE ANGEHENDER PSYCHOPATHEN ODER: VON PUDELN UND PANZERN

Vorwort
Von Sebastian23

Ich kam in die Poetry-Slam-Szene, als die Menschen noch Hand in Hand mit Mammuts lebten und Säbelzahntiger über Löwenzahnwiesen liefen. Am Anfang warf ich mich mit Begeisterung in den Wettbewerb und glomm förmlich vor Ehrgeiz, doch mit dem Alter wurde ich milder. In den letzten Jahren habe ich immer weniger Leute die Kellertreppe runtergeschubst, weil diese mich beim Slam besiegt hatten.

Ganz im Gegenteil, ich sehe das mittlerweile so: Dem Nachwuchs gehört die Zukunft und mir gehört bald deren Geld – in Form von Rente. Ich möchte nämlich langsam auch mal auf den Schaukelstuhl am Kamin, ein schön ornamentiertes Pfeifchen rauchen und in goldenen Erinnerungslücken schwelgen. Ich bin immerhin 34 Jahre alt, auch wenn ich mich an guten Tagen wie 31 fühle.

Für junge Autoren, die die Bühne nicht scheuen, ist Poetry Slam in den letzten Jahren ein unglaublich guter Weg geworden, ein Publikum zu finden. Man muss sich das vorstellen: Da kommen Dutzende, Hunderte Menschen, die sich in Kneipen, Cafés und Kellerclubs zusammenfinden, um sich

Gedichte und Kurzgeschichten anzuhören. Das ist natürlich Benzin für jene, die eine kleine Flamme aufkeimender Kreativität in sich tragen. Plötzlich schreibt man nicht mehr nur noch für die Schreibtischschublade und höfliche Komplimente von Freunden und Mutti – man schreibt für die Saftschorle saufenden Horden von Germanistikstudentinnen (auf Lehramt!) im Publikum.

Aber nein, ich sollte nicht scherzen über Slam-Besucher: Die Zuhörer sind mutige Leute – sie erwerben mit der Eintrittskarte immer auch – Achtung, tieffliegende Phrase! – die Katze im Sack. Denn meist wissen sie nicht, welche Slammer an einem bestimmten Abend auf der Bühne stehen werden. Es gibt andererseits einen guten Grund, warum Poetry Slams fast immer gut besucht sind: Man wird in den allermeisten Fällen positiv überrascht. Und das nicht nur ein bisschen, manchmal kawemmst es einen echt aus den Tretlingen.

Lange Zeit moderierte ich einen der ältesten Poetry Slams in Deutschland im Café Atlantik in Freiburg. Dort hatte ich vor noch längerer Zeit einst meinen eigenen ersten Slam-Auftritt. Und ebendort geschah es, dass ich das erste Mal auf Sophie Passmann traf. Sie war damals gerade 15 Jahre alt und frech wie die Zitrone gelb ist. Bereits bei ihrem ersten Auftritt machte sie sich am Mikrofon über mich und meine Mütze lustig. 250 Leute lachten herzhaft – denn wenn ein kleines Mädchen einen alten Mann verprügelt, dann juckt dem Volk der Lachmuskel. Ich rechnete mir daher niedrige Chancen aus, meine Sympathiewerte zu steigern, indem ich Sophie von der Bühne und dann die Kellertreppe runterschubste. Also lachte ich mit, denn, verdammt, es war auch lustig – und ich dachte, es geht schon wieder vorbei.

Ging es aber nicht. Sophie kam ab da jeden Monat zum Slam und rockte jedes Mal das Haus. Das sagt man so in der Slam-Szene. Man könnte auch sagen: Die Zuhörer hingen ihr an den Lippen und lagen ihr zu Füßen. Wenn man diese Redewendungen nicht kennt, klingt das auch erst mal schmerzhaft. Es war jedoch ganz wunderbar.

Nach einer Weile nahm ich Sophie zur Seite und sagte: „Sophie, die Leute hier feiern deine Texte! Vergiss jedoch nicht: Die Welt ist groß und überall sind Slams! Geh doch mal auf Tour!" Dann rief ich ein paar befreundete Slam-Veranstalter an und sagte ihnen, dass sie diese junge Dame doch mal in ihre Stadt einladen sollten. Das klingt erst mal so, als habe ich ihre Karriere fördern wollen – in Wirklichkeit habe ich sie einfach weggeschickt. Wäre dieser Text im Internet, würde jetzt hier wohl ein Zwinkersmiley stehen. XD.

Der Rest ist Geschichte: Sophie wurde kreuz und quer durchs Land als Katze im Sack gebucht und rockte überall die Häuser. Sie stand auf kleinen und verdammt großen Bühnen und machte kleine und verdammt große Texte.

Und alles nur, weil ich sie nicht die Treppe runtergeschubst habe.

Das ist der Text, den ich gerne als meinen „allerersten Slamtext" vorstelle. Eigentlich ist es nur mein erster Text, für den ich mich heute nicht schäme. Meine ersten Gehversuche auf Slambühnen waren verworren, höchstens bemüht lustig, und haben sich auch höchstens mit viel Fantasie gereimt. (Wobei ich auch hier „Nirvana" auf „Erich Kästnaa" reime …) Diese Texte liegen ganz tief in einer Schublade, und man müsste mir schon wirklich viel Geld bieten, um sie noch mal vorzutragen.

„Relativ Kellertief" habe ich in einem Hostelzimmer in Bochum im November 2010 geschrieben – ich hatte gerade die allerersten deutschsprachigen Slam-Meisterschaften hinter mir und drei Tage Slammer mit ihren besten Texten sehen dürfen. Mein Mund schmeckte noch ein bisschen nach schlechtem Rotwein, meine Kleider rochen nach kaltem Rauch und das nasskalte Pott-Wetter hat mich krank und zynisch gemacht. Trotzdem ging es mir blendend – ich war randvoll mit neuen Eindrücken und Inspiration, denn ungefähr jeder Teilnehmer auf der Bühne hat das so viel besser gemacht als ich. Ich konnte es also kaum erwarten, meinen ersten „richtigen" Text zu schreiben.

Als Vorlage diente übrigens die furchtbare Aftershow-Party bei den Meisterschaften.

Relativ kellertief

Die Stimmung der Party ist relativ kellertief.
Die Kneipe ist keine Kneipe
Sondern eine Lounge.
An den Wänden hängt Kunst.
In der Luft hängt der Beat, der dir vom DJ-Pult aus sagt:
Geh nach Haus! Geh nach Haus! Geh nach Haus! Geh nach Haus!
De-de-de-der DJ ist – de-de-de-der DJ ist müüüüde.
Und man tanzt trotzdem.
Man hält das Bier für vier Euro das Glas nach oben, weil man es sich heute
Einfach mal erlauben kann.
Man kann es sich erlauben!
Man fühlt sich heute Abend
Wie ein Unplugged-Konzert von Nirvana.
Ich fühl' mich wie ein Gedicht von Erich Kästner.
Die Gedanken bleiben sachlich;

Tanzende und wankende, besoffene, offensichtlich betroffene Pärchen,
die erst auf der schlechtesten Party seit einer Tschillion Jahren merken,
dass sie sich nichts mehr zu sagen haben.

Ich hab dazu nichts mehr zu sagen.
Ich sitze auf einer Kunstlederloungecouch
Und schau mir die Kunst an den Wänden an.

…

Die Frau auf dem Bild
Hat drei Beine
Auf ihrer Stirn steht "Titte"
Der Künstler nennt sich "David der Bebrillte"
Und kommt ganz sicher aus Berlin-Mitte
Die Stimmung ist relativ kellertief.
Der DJ bittet alle Bitches, ihre Hände zu heben.

Meine Stimmung
Macht Stagediving auf hohen Gefühlen und heiseren Versprechen,
mein Magen
ist vor dem Laden gerade
brechen.
Denn hier macht man Rosé-Wein
Indem man roten und weißen
zusammenkippt.
Das kann alles so einfach sein!

Das kann heute Abend alles so einfach sein.
Der Typ mit den Dreadlocks und dem

Bandana erzählt mir, dass er soziale Arbeit studiert,
weil er später was mit Menschen machen möchte.
Heute Abend trinkt er trotzdem allein.
Das Mädchen mit dem Blumenkleid und
den zerzausten Haaren erzählt mir, dass sie
französischen Kulturjournalismus studiert
Weil sie später was mit arte machen möchte.
Der Typ mit dem Polohemd und den
Segelschuhen erzählt mir, dass er BWL studiert,
weil er später was mit Geld machen möchte.
Alle trinken allein.
Das kann so einfach sein.

Eine junge Frau fragt mich,
ob ich ihre Tasche gesehen habe.
Ich sage ihr zum dritten Mal, dass ich sie nicht gesehen habe.
Sie bedankt sich für nichts und verschwindet im viel zu hellen Licht
Der Tanzfläche.
Der Beat:
Regen auf Wellbleche.
Bestimmt die Neue von Robin Thicke.

Das Highlight sind ein paar Erasmus-

Studenten aus Großbritannien.
Well, I like Germany. I am here to improve my
German. Wait: Bockwüürst! Haha!
Das Erasmus-Pack fühlt sich wie ein
Unplugged-Konzert von Nirvana,
ich fühle mich wie ein Gedicht vom ollen
Kästner.
Ich meine: Das macht müde.
Das Trinken, die Leute, die Pillen, der DJ,
das Reden, das Schweigen, die Party ist okay.
Ich meine: okay.
Für okay zahle ich keine zehn Euro Eintritt.
Deine Mutter ist okay.
Aber die ist auch umsonst.

Ich beschließe also zu gehen.
Ich nehme also meine Tasche,
meine Müdigkeit
Und die Tasche der jungen Frau.
Und gehe raus.

Draußen pocht Musik und Kopf dumpf.
Eine junge Frau erklärt einem Mann, dass sie
so was beim ersten Date
Normalerweise
Nieee
macht.
Sie verschwinden in der sternklaren Nacht.

Das macht müde.
Ich nehme also meine Müdigkeit und trag
sie durch die Straßen dieser Stadt.
Vorbei an Straßen, die Namen von Leuten
tragen, die Verantwortung tragen
Und mich mit.
Ich laufe vorbei an der Tanke
Und wanke in Richtung Heimat,
try to explain in English.
Die Lichter flackern schon wieder
im Kaufmannsladen
Die Nachbarskatze hat's erwischt bei 'nem
Verkehrsunfall.
Und mich mit.
Ich nehm meine Müdigkeit und trag sie
durch die Straßen dieser Stadt
Durch die Straßen dieser Stadt
Straßen der Stadt
Straße und Stadt
Straße
Stadt

Und irgendwo
Übt ein Mensch
Klavier.

*Auch wenn es wahnsinnig klingt – diesem Text verdanke ich meinen Führerschein. Den habe ich nämlich mit 16 Jahren für einen Literatur-Wettbewerb geschrieben, und der erste Preis war die Teilnahme an einer Lesung in Bremen. Ich wohne knapp an der Schweizer Grenze – sehr viel weitere Strecken kann man in der Republik also kaum zurücklegen. Mein Text wurde von der Jury ausgewählt und ich saß an zwei Tagen 18 Stunden im Zug. Das Einzige, was ich dabei hatte, war mein Laptop mit den Fragen für die theoretische Führerscheinprüfung. An die Lesung mit den wunderbaren Poeten von Großraumdichten erinnere ich mich heute noch manchmal.
Ich habe mit 0 Fehlerpunkten bestanden.*

—

Das ist
An sich
Das ist an sich mit uns beiden
Ein bisschen wie Fahrradfahren ohne Helm
Und ohne Helm oder Idee vom Weg.
Fahren ist nur Stehenbleiben im bewegten Raum
Und Stehenbleiben ist Fahren
Ohne Antrieb.
Wir fahren mit geschlossenen Augen an all dem vorbei
Um uns selber zu sehen.
Wir laufen den einzigen Berg in dieser Stadt nach oben
Wenn die Luft dünner und der Nebel dichter wird
An den Lichtern an den Läden
Und den Gesichtern, die du so machst.
Wie du das so sagst.
Wie du das wohl meinst.

Weißt du was?
Du fährst.
Du fährst, und ich bleib.
Du läufst mit geschlossenen Lidern über Drahtseilakte

Und ich reiß beide Augen auf und erkenn's trotzdem nicht.
Wie du das so sagst.
Wie du das wohl meinst.

Ich such deine Worte, ich verlier mein Gesicht.
Ich finde meinen Atem
Und ich verliebe mich nicht.

Das ist mit Abstand mein Lieblingstext, weil es wohl der erste ernste Text ist, den ich geschrieben habe. (Wobei die Messlatte für „ernst" für mich bei „nicht total albern" erreicht ist.) Ich habe monatelang keinen anderen auf Slams vorgetragen. Trotzdem nutzt sich auch das beste Stück irgendwann ab – plötzlich kommen einem Stellen, die einem früher Gänsehaut bereitet haben, nur noch platt und pathetisch vor. Dann legt man den Text am besten für einige Zeit weg und wartet darauf, dass der Zauber wieder kommt, denn sonst ist das Vortragen völlig spaßfrei.

Der Text ist übrigens immer meine Geheimwaffe für „Dead or alive"-Slams. Das sind Slams, bei denen lebende Dichter (also wir) gegen tote Dichter antreten. Goethe, Schiller und Co. kommen für einen Abend aus ihren Gräbern und werden von Schauspielern verkörpert. In dem Text gibt es so eine Stelle, mit der ich schnöselige Balladen-Dichter gerne zurück ins Grab schicke ...

Daheim

Wie Bindfäden
regnet uns das Leben auf den Kopf.
Damit wir bloß nicht an ner Überdosis
sterben.
Damit wir bloß nicht welche von denen
werden, die am ersten Mai mit Steinen
schmeißen.
Weil wir verstanden haben, dass
Revolutionäre für gewöhnlich das Ruder
nicht dadurch rumreißen,
dass sie jeden Monat die Neon kaufen.
Che Guevara trug Pastell.
Und der hat Kuba nicht mit Bilderrätseln
befreit.
Kein Kranker dieser Welt wurde je mit
unnützem Wissen geheilt.
Stell dich auf die Straße, du und deine Werte,
du wirst sehen, der wütende Mob trägt St.
Pauli.
Und nicht Hornbrillen ohne Sehstärke.
Ohne die sieht man ein, dass Strobolichter
im Gesicht nur in Nachtclubs wie blaue
Augen von
Schlägereien aussehen.
Wir hauen uns nicht.
Um nichts.

Und niemand hält uns auf beim Untergehen.
Wir sitzen alle im selben Boot – der MS
Saufen.
Und schütten Aspirin Komplex, weil die
letzte Nacht mal wieder härter als hart war.

Und tagsüber
Stunden wie Langspielplatten
und keine einzige hörbare Hook.
Und tagsüber
Augen voller Schatten, wir fangen mit nichts
an und finden doch keinen Schluss.
Wir schreiben nur in zweiter Auflage,
denn erste Worte fallen uns schwer.
Wenn man fragt, wer wir sind, sag ich nur,
wer ich lieber wär.
Ich schneide mich selbst an Kreide
und schreibe weiß an Häuserwände:

Sag mir, wo sind wir zu Hause?
Wo sind wir daheim?
Leuchten all die Lichter
vielleicht doch nur zum Schein?

Wir feiern unser Dasein.
Hart.
Weil außerhalb des Klangradius dieser viel
zu lauten Anlage das Leben doch im Sterben

liegt.
Fuck yeah.
Generation Schlingensief.
Nur dass wir noch leben – und niemand
Witze drüber macht.
Denn wir haben versäumt, Geschichte zu
schreiben.
Wir haben versäumt, Leute aufzutreiben,
die sich aus dem fadenscheinigen Licht der
Szenekneipe
in die weite Welt stellen.

Unsere Coco Chanel:
H&M.
Unser Bert Brecht:
Helene Hegemann.
Unser Jack the Ripper:
Kachelmann.
Wir schaffen MTV zwar weg, behalten aber
Joko und Klaas.
Unser Jesus Christus:
Steve Jobs.
Unser kommunistisches Manifest:
Top of the Pops.
Unser Woodstock:
Rock am Ring.
Und moderiert wird's von Joko und Klaas.
Das war's.

Janis Joplin ist tot.
Und ich akzeptiere nicht, dass unsere
heutige Lady Gaga ist.

2
Ich entlasse dich.
Geh.
Geh!
Nach Australien.
Australien – der einzige Kontinent, der von
jedem Abiturjahrgang der Welt besucht
wird.
Weil der Hautkrebs so schnell heilt!
Geh und schreib mir ne Karte.
Und sag mir:
Sind die Hostels jetzt anders als
in Deutschland?
Themenzimmer und Aufenthaltsraum?
Heimwehgewimmer und ein mehr oder
minder brauchbarer Pillentraum?
Und diese kleinen süßen Sorgenpuppen
von diesen kleinen süßen Ureinwohnern.

3
Setz dich hin, zieh dich aus, pack dich an.
Alles, hinter dem du dich verschanzt,
dass der Himmel voller Geigen hängt und du
Orchestermusik nicht leiden kannst.

Frag von Platon bis Kant alle, alle werden sie dir sagen, dass wir durch und durch scheiße sind.
Und dass wir selber Schuld haben.
Auf den Dächern, unter denen wir uns jede Nacht das Hirn wegsaufen,
wächst nächstes Jahr Klatschmohn.
Und auf den Straßen, auf denen wir nachts betrunken und einsam nach Hause laufen
fließt Gold.
Und zwar ständig.
Verkürz die ganze Farce, sei ehrlich, sag:
Hallo.
Hier bin ich, niemand will mich, also bitte nimm mich.
Ich hab Angst allein im Dunkeln.
Ich hab Angst vor den Leuten hier.
Meine Wohnung ist total chaotisch, bitte gehen wir zu dir.
Denn mein Herz
schlägt am Puls der Zeit.
Deshalb ist Sterben so verpönt, weil es den Fehler im System aufzeigt.
Also sag mir:
Wo sind wir zu Hause?
Wo sind wir daheim?
Die Partys sind ganz nett, aber bitte:
Ich will jemand anders sein.

Wir hätten das Recht auszurasten,
nur wir verzichten höflich drauf.
Wir hätten die Pflicht, irgendwas zu schaffen,
nur wir scheißen begeistert drauf.
Wir machen Theater
in der Bar unterm Bühnensaal.
Weil wir uns auf Hochkulturparkett nicht
wirklich gut bewegen.
Weil wir uns schon selber hassen.
Was sollen wir noch auf tote Dichter geben?
Ich meine:
Wir hangeln uns an ehemaligen
Feindbildern entlang.
Was zum Teufel schert uns Sturm und
Drang?
Jede Böe weht uns weg.
Jede Nachricht bringt uns um.
Wir kommen nicht vom Fleck
Und trotzdem bei der Reise um.
Ohne Red Bull
bleiben wir morgens liegen
Und uns bringt schon lange nicht mehr der
Shit,
sondern die Angst, unten bleiben zu
müssen, zum Fliegen.
Weil am Lebensende da unten wieder nur
die Falschen siegen.
Wir finden keine Jobs,

denn wir taugen nichts.
Denn wir alle machen irgendwas
mit Photoshop.
Denn wir trauen uns nicht
zu sagen:
Du: Stell mich ein.
Du hast vier Kinder erzogen, zwei Frauen
betrogen, du kannst ganz offensichtlich
deinen Mann stehen.
Jetzt hör bitte auf, zu versuchen, Facebook
zu verstehen.
Und stell mich ein.
Denn mein Herz
schlägt am Puls der Zeit.
Deshalb ist sterben so verpönt, weil es den
Fehler im System aufzeigt.
Und sag mir:
Wo sind wir zu Hause?
Wo sind wir daheim?
Ich höre zwar die Glocken.
Nur nen Kirchturm
sehe ich keinen

Ich wohne wunderschön in einem kleinen Dorf im Schwarzwald. Im Sommer riecht es dort nach Erdbeeren und im Herbst nach Federweißem und Flammkuchen. Ich glaube, außer mir wohnen nicht mal zweitausend Leute da. Deswegen ist jede Slam-Tour für mich auch ein kleines Großstadtabenteuer: Ich bin Ampeln, Straßenbahnen und Neonlichter einfach nicht gewöhnt. In Nachtclubs gehe ich unter, auf Einkaufsmeilen verirre ich mich. In einer Stadt halte ich es nicht länger als eine Woche aus. Danach steige ich wieder in die Regionalbahn Richtung Nirgendwo, fahre an Maisfeldern nach Hause und genieße die Ruhe. Dieser Text ist eine Hommage an die Heimat.

Fast wie New York

Die Straßen hier: von Klatschmohn umrissen,
die Tage hier: aus Ton.
Man kann nicht fliehen, und man kann hier
erst recht nicht wohnen,
halbdunkle, von Laternen verlassene Wege,
höchstens einmal am Tag befahrn.
Wir sehen garstige Alte, die uns mit bitteren
Blicken hinter vergilbten Gardinen anstarren.
Sie haben das Recht, garstig zu sein!
Die Winter hier sind hart.
Die Männer sterben irgendwann auf dem
Feld, die Frauen sind behaart.

Wir: nie ganz schlechten Wein in der Hand,
todesmutig, die Zukunft: gesichert,
wir müssen nur lang genug warten,
irgendwann erben wir Opas Land.
Niemand, nur wir stören die Stille der
sonst unerträglich ruhigen und banalen
Landhaus-Idylle.

Wir: sind auf Ärger aus.
Nur ist niemand da, den wir anpöbeln
könnten.
Not macht erfinderisch.

Wir so: eh kuh! Komm doch her. Du hast die hässlichste fresse, die ich heute gesehen habe, kein scheiß!
Die kuh so: muh!
Wir so: jetzt kommst du wieder so. weißt du was: deine Mutter arbeitet im Döner und dreht sich! Haha! Upps.

Wir sind jung und, wenn nicht gerade Sportfest ist, völlig unterfordert.
Wir wollen Ärger, wir kriegen das hin.
Wo ein Wille ist, ist auch
ein Vorstadtgespräch,
am nächsten Tag.
Und dann immer schlimmer, als es wirklich war.
Natürlich haben wir keine Klappmesser, das ist eine Lüge.
Wir haben Klappkartoffeln.
Wir haben keine Butterflys in den Taschen …
aber mein Nachbar ist Imker,
ich frag mal, vielleicht können wir ein paar Bienen haben.

Ja! Und wenn sie zustechen, will wieder niemand gelacht haben!
Genau, wer zuletzt lacht, fällt selbst hinein, und wir lachen zuletzt!

Weil wir die Witze immer zuletzt verstehen.
Weil unsere Zeitungen immer von gestern sind.
Wir klauben sie aus der Müllsammlung der nächstgrößeren Stadt.
Diese nächstgrößere Stadt lockt uns mit ihrem urbanen Leben und aufgeweckter Jugendkultur.
Manchmal sind beide Jugendliche am Skateplatz und saufen Bier.
Facebookparty. Nice!

Wir haben keinen Strom und wir brauchen keinen Fernseher.
Wir betreten kein Neuland. Dafür sind wir meist einfach
viel zu träge.

Denn wenn der Hochsommer viel zu flachen Schatten auf das träge Land legt, dann liegen wir in ausrangierten Erdbeerfeldern, drei Tage lang, und versuchen, uns das Hirn wegzukiffen.
Wir scheitern an Kopflosigkeit. In solchen Momenten lässt sich gut schweigen.

Schatz, sei einmal still.
Schau, wie die Kühe sich in ihre Höhlen

zurückziehen, um sich zu häuten.
Man bleibt unter sich, die Opfer aus dem Nebendorf haben uns letztes Jahr den Maibaum geklaut, dafür bewerfen wir ihre Hütte jetzt mit Klopapier.

Ich habe mich nicht getraut, dir zu sagen, dass ich mich in dich verliebt habe, deswegen habe ich 5 Kilo Kalk im Baumarkt gekauft, habe mir einen Bulldog und einen Anhänger geliehen, bin gestern Nacht schon leicht angetrunken von Tannenzäpfle losgefahren und habe dir eine Kalkspur gemalt. Eine Kalkspur.

Wie kann man die ländliche Kultur nur verachten, wo sie noch die einzige ist, die mit Kalkspuren kommuniziert. Wir sind aus Kalk geboren und zu Kalk werden wir wieder. Wenn ich dir hier irgendwo in Stuttgart mal begegne und dir eine Handvoll Kalk ins Gesicht werfe und ganz schnell weglaufe, lauf mir hinterher, mit einem Strauß Klatschmohn, der seine Blütenblätter schneller verliert, als wir beide atmen können, und halt mich fest.

Mir fällt ganz schwer, Ampeln zu verstehen.

Mir fällt schwer, in großen Klubs nicht
meinen Drink aus den Augen zu lassen.
Da, wo ich wohne, stehen im Sommer die
Haustüren offen. Wer sollte uns bestehlen,
alles, was wirklich wichtig ist, ist der Traktor
und das Feierabendbier am Stammtisch.
Eure Städte sind groß und laut und riechen
streng. Wenn man aus dem Fenster schaut,
sieht man nur Asphalt und Fremde,
Backshops und schmutzige Hände, weil man
ständig an Fußgängerampeln steht und
diesen großen gelben Knopf drücken muss.
Habt ihr euch schon mal überlegt, wie viele
Hände vor euch diesen gelben Knopf schon
gedrückt haben?
Millionen.
Vielleicht sogar Tausende!
Und ihr packt da dran, weil ihr über
irgendeine Straße wollt in irgendein
Stadtviertel zu irgendeinem Kommilitonen,
weil der eine WG-Party gibt, wo ihr dann
Vodka-Mate sauft und wieder nicht die Liebe
eures Lebens findet.
Das ist voll widerlich.
Und wenn ihr besoffen seid, fahrt ihr euch
durch die Haare mit der Hand, die den
Ekelknopf angepackt hat,
und irgendwann kaut ihr auf einer

Haarsträhne, die euch ins Gesicht fällt, und
das ist dann, als würdet ihr die Handflächen
einer ganzen Stadt ablecken.

Schatz, ich habe aus der letzten Großstadt
ein Kleinod mitgebracht.
Ich sage weiterhin
Alles, wo ein ICE hält, ist eine Metropole.
Fast wie New York.

Die meisten meiner Texte sind halb fiktiv und halb erfunden, ganz wenige sind aber tatsächlich eine Chronik meines Lebens. So wie dieser. Das war mit Abstand das schlimmste Wochenende, das ich in meinem Leben je hatte.

Tanzball

Du liegst im Sommer, im Gras,
betrunken, kühn, so wie früher,
so wie alles andere auch.
die Krähen hängen wie Tränen an den Bäumen
wir sind ein Tanzball,
so wie alles andere auch

Zeiten ändern sich
Zeiten ändern dich

Über Bushido an sich kann man ja sagen, was man will,
aber zwischenmenschlich ist er einer von den ganz Großen.
Mit ihm auf den Ohren
besuche ich dich.
Du hast unsere Hometown im Stich gelassen, Alter, unser Viertel, hast deinen Esel bepackt und mich und unsere Bushaltestelle verlassen.
Wir waren fresh.
Du wohnst jetzt in der Großstadt,
in der Großstadt, wo alle Szenestudenten in ihren Szenecafés sitzen und sich darüber unterhalten, dass Lana Del Rey gar nicht

sooo Mainstream ist.
Und wenn sie ihre Club Mate bezahlen,
wühlen sie stundenlang in ihren
Jutebeuteln, bis sie ihre Portemonnaies
finden.
Da drauf: so'n flotter, sarkastischer Spruch:
make money, not war.
Und dann gehen sie raus
und dann sieht man, dass sie zu der
hässlichen engen Hose hässliche
Omaschuhe tragen
und aus den hässlichen Omaschuhen
gucken hässliche H&M-Socken, und auf
denen ist meist so'n flottes Siebziger-Muster.
Und auf ihren hässlichen Socken laufen sie
durch die hässliche Stadt,
wo es nichts gibt, wo jeder Einwohner das
nicht vorhandene Flair rechtfertigen will und
alle alles auf Hitler schieben.

Die Innenstadt war ja mal so schön, alles
zerbombt!

Heute gibt es Kunstausstellungen in
tristen Betonbauten, vierzehn Starbucks
und einen Seifenladen. Einen Seifenladen,
der nach Gummibärchen-Puff riecht und
wo den ganzen Tag völlig verstrahlte

Medienkulturwissenschaftsstudenten
im Schaufenster stehen und bunte
Flüssigkeiten von einen in den anderen
Behälter kippen,
und wenn man ihnen den Mittelfinger zeigt,
winken sie einem höflich zu.

Und es gibt Suppenbars. Die heißen
Suppenkönig und innen drin ist alles
kuschelig und voller Ambiente und die
werben damit, dass Suppen gesund sind
und schmackhaft, und der Slogan lautet:
Lass uns mal ne Suppe essen gehen
BÄM!
Eine weitere Werbeagentur hat versagt.

Du wohnst in der Altstadt, Altbau, hohe
Decken, mit Malte und Wolfgang, studieren
auch.
Wir gehen aus, sagst du.
Wie früher.
Wir beide gehen aus.
Wir.
Ausgehen.
Jaa.
Schnaps.
Bitches.
Kühe umschubsen.

Wir gehen in den heißesten Laden der Stadt
(am Tag ne Suppenbar)
Du bestellst uns zwei virgin coladas, weil
„Sophie, das weißt du sicher nicht, Alkohol
die Fettverbrennung bis zu 48 Stunden
hemmt."
Ich schaue dich an.
Ich schaue mich an.
Ich frage dich, ob ich denn so aussehe, als ob
meine Fettverbrennung die nächsten Tage
einwandfrei funktionieren muss.

Meine Marathongruppe fällt diese Woche
leider aus,
ich bestelle Schnaps
und neue Freundschaft.

Um die Stimmung aufzulockern, erklärst du
mir, dass, obwohl der Laden hier Tangente
heißt,
das Logo strenggenommen gar keine
Tangente zeigt, da das im Definitionsbereich
0;2 angezeigte Schaubild einen Schnittpunkt
mit sich selbst hat.
Folglich kann nicht mehr jedem y-Wert
eindeutig ein x-Wert zugeordnet werden,
es kann also keine Funktion geben, die alle
Bedingungen des Schaubildes erfüllt, und

die Tangente ist keine Tangente, sondern ein Strich.

Die Stimmung ist richtig locker.

Der DJ spielt wacka wacka von Shakira und du willst tanzen.

Und da fällt mir auf, dass wir uns auseinandergelebt haben.
Du bist BWL.
Und ich bin so gender studies mit Schwerpunkt Frauengleichberechtigung im 20. Jahrhundert

Ich trag den Schlaf im Gesicht, lange Fahrt, sag ich
Du trägst
ein Polohemd.

Wir sind aus den Kinderschuhen offensichtlich rausgewachsen und trotzdem steckt alles, was wir machen, noch drin.
Wir pokern jeden Tag mit der Gegenwart, heute um früher
und früher um Pokémonkarten,
Alter, meine Jugend kriegst du, aber nicht mein Glitzer-Glurak Level 100!

Wir verlieren in falschen Räuschen und
hässlichen Städten den Sinn fürs Ganze.
Du fragst mich, ob ich noch dieses Poetry
mache.
Ich frage, ob du noch dieses Bachelor
machst.
So geht der Abend dann vorbei.
Ob ich wiederkomme, fragst du mich.

…

Mein Kopf
Sagt:
Nein.
Aber mein Herz
Sagt:
Neeeeeeiiin

Denn du liegst im Sommer
im Gras,
weder betrunken, noch kühn,
wir sind kein Tanzball,
du Opfer.

Wenn normale Menschen sich unglücklich verlieben, kaufen sie sich Unmengen Wein und Unmengen Zigaretten und hören Songs von Philipp Poisel. Slammer tun das auch, nur anstatt dann weinend einzuschlafen, schreiben sie Liebeskummer-Texte, setzen sich in den Zug und gewinnen irgendeinen Slam damit. Das lindert den Schmerz. Liebe ist in der Kunst ein völlig überstrapaziertes Thema, aber es ist vermutlich der kleinste gemeinsame Nenner bei allen Menschen. Es wird also weiterhin überstrapaziert bleiben, und Wein und Zigaretten werden weiterhin ein gutes Mittel dagegen sein.

Die neue Sachlichkeit

Manchmal frage ich mich
In wessen Arme ich mich fallen lassen würde
Wenn ich betrunken wäre
Und in einem Raum
Mit allen Männern
Die ich jemals liebte

Letztes Jahr Silvester
Hab ich mich verliebt
In Berlin. Also nicht in die Stadt
Sondern in der Stadt
in einen Mann ohne Namen,
um Punkt zwölf sind wir zur lärmenden Stadt
in der Linie zwei im Ring gefahren.
Wir sprachen nicht ein Wort.
Und das war noch eine meiner besseren
Beziehungen.
Denn bevor ich da rausgehe und mich mit
echten Menschen unterhalte
Und erzähle, was ich so mache
Und mir anhöre, was die so machen
Suche ich lieber weiter im Internet nach
Bildern
Von Ryan Gosling und führe eine Beziehung
mit meinem Drucker.
Passiert aber eher aus Verlegenheit, herzlich

willkommen,
die neue Sachlichkeit.
Bevor ich da rausgehe und meine
Seelenverwandten suche,
bleibe ich lieber in meiner Wohnung
und schaue vier Staffeln Mad Men am Stück.
In Jogginghose.

Letztes Jahr im Sommer habe ich mein Herz
an einen Kummerbund verloren.
Wir sind im Taxi dahin gefahren, wo ich mich
heute nicht mehr blicken lassen kann.
Der Kummerbund:
Fassadenhoch und tiefschwarz.
Und niemand hat mir an die Innenseiten
meines Kopfes geschrieben
Dass ein Kummerbund noch keine Liebe
macht.
Ich war so verrückt,
Dass ich dachte
ich bin 19
und ich werde im Etuikleid heiraten, und
zwar gleich morgen.
Nach einer Woche ungefähr hat der
Kummerbund gesagt

Sophie, weißt du, ich mag dich voll als
Mensch.

Als Mensch. Das ist tröstlich. Danke. Ich mag dich eher als Kartoffel. Aber das Leben ist kein Wunschkonzert.

Ich habe heute mein Horoskop für das nächste Jahr gelesen und es sagt: Passmann, Passmann, Passmann! Du armes Schwein! Das läuft so richtig scheiße für dich.

Irgendwann im August
In irgendeinem Jahr
habe ich mein Herz einem
Hooligan geschenkt
Nach Bierdosen und Abpfiff
War er meine Welt für mich.
Das Ganze konnte nicht funktionieren:
Ich mag Eintracht nicht.

 Als ich noch jünger und dümmer war, habe ich Lieder von The Streets gehört. Und das hat mir irgendwie geholfen.
There are plenty more fish in the sea.
Wir lernen alleine laufen und hören allein damit auf. Das mit uns, das ist doch nur irgendwas dazwischen,
Man trifft sich.
Betrinkt sich.
Erträgt sich nur im Zuge von kreisenden

Joints und schweigenden Gesprächen.
Auf dem Weg nach Hause hält man dann
Hände, natürlich eher aus Verlegenheit.
Wir sind noch viel jünger als früher und
können es gar nicht abwarten, noch früher
noch jünger unglücklich verliebt zu sein.

Zwischen den Jahren
Traf ich einen Mann
Der nicht eine Krawatte hat
Hallo, Herr Stehkragen,
Sonntag ist mein Lieblingstag
Eine Liebe
Wie ein Bausparvertrag
Es gibt Nächte,
da gibt es keine Kirchen einzureißen
Wer ohne Sünde ist, der werfe den ersten Stein
Vorbei.

Im letzten Augenblick hab ich mich verliebt.
In einen schweigsamen Schotten.
Zwischen zwei großen Schlucken Bier
Und einer zynischen Garderobiere
War ein Tanzball.
In teuren Kleidern und mit gutem Essen
Braucht man keine großen Worte
Bevor ich dich getroffen habe, habe ich das
Wichtigste noch gewusst.

Jetzt zerknicke ich auf dem Heimweg
Blätter vom Buchsbaum am Straßenrand
Eher aus Verlegenheit.
Herzlich Willkommen, die neue Sachlichkeit.

Seit ich dich kenne, ist es mir nicht egal, ob
ich mein Handy dabei habe. Seit ich dich
kenne und du nicht da bist, vermisse ich
dich ständig.
Du stehst nicht auf meine Sneaker, und
für dich kann ich tatsächlich auf jede
Sonderedition verzichten, das mit uns
beiden, das ist irgendwas dazwischen.
Seitdem ich dich getroffen habe, bin ich zu
einem besseren Menschen mit schlechterem
Musikgeschmack geworden.
Seitdem ich dich kenne, höre ich Xavier
Naidoo, weil zumindest der ab und zu sagt,
es gäbe nichts, dass so schön sei wie ich.
Aber auch: eher aus Verlegenheit.
Herzlich willkommen.
Die neue Sachlichkeit.

Manchmal frage ich mich
In wessen Arme ich mich fallen lassen würde
Wenn ich betrunken wäre
Und in einem Raum
Mit allen Männern
Die ich jemals liebte

Manchmal kommen Leute auf die Idee, Slammer dafür zu bezahlen, Texte zu bestimmten Themen zu schreiben – eine super Idee. In diesem Fall ging es um „Zukunft und Älterwerden". Als Kind der 90er denke ich dabei noch wenig an Renten oder Midlifecrisis – sondern schlicht an die Überforderung, erwachsen zu werden. Meine Mutter macht das Großwerden erträglich – es gibt keinen Ratschlag, den ich von ihr nicht blind annehmen würde. Meine Mutter ist eine sehr weise Frau, sie gleich damit aus, dass ich manchmal sehr dumm bin. Deswegen war es eigentlich längst mal überfällig, ihr einen Text zu widmen.

Manches hat sie nicht so gesagt, zum Beispiel das mit den gebügelten Hemden bei Männern. Das heißt aber nicht, dass es nicht wahr ist.

Mama sagt

Mama sagt: Schnür
Dir dein schönstes Paar Schuhe
Und nimm die Steine in deinem Weg in die
Hand, zum Wurf bereit
Herzlich willkommen, der Ernst des Lebens
fängt genau heute an
Du hast jetzt kein Rückgrat mehr
Und hinter dir war nie ne Wand.
Du wirst Blut schwitzen
Und vor Einsamkeit manchmal den Verstand
verlieren.
Nichts wird fair bleiben
Manche Wege werden so lang sein, da wirst
du vor Erschöpfung den
Bürgersteig im Liegen ziern.

Mama sagt: Liebe, die in Betten anfängt,
wird in andern enden. Auf Partys halte
ich mich entweder an vollen Gläsern oder
fremden Mündern fest. Mama sagt,
ist beides schlecht. Mama sagt, trag keine
Armbanduhr zum Abendkleid, egal
wohin du gehst, du hast Zeit. Frage nicht
nach Wegen, geh nicht aufs Ganze,
Horizonte sind niemals zu weit. Lass die
Nächte nicht zu lang und die Röcke

nicht zu kurz werden, Klasse ist das einzige,
das ich dir nicht kaufen kann.

Mama sagt: Brich nie mehr Herzen als du
Blumen kaufen kannst. Brich überhaupt
keine Herzen. Keiner hat dir zu sagen, ob du
deinen Teller aufisst.
Die traurige Wahrheit ist, wir haben nicht in
der Hand, ob es morgen regnet.
Und wenn dein Acker absäuft, leg ich dir nur
ein Mantra auf die Lippen: Keiner
weiß, wofür es gut ist. Mama sagt: Ein Mann,
der mit zwanzig schon gebügelte
Hemden trägt, kann kein schlechter Typ sein.
Und ich hör auf sie und lande
immer wieder bei Verbindungsstudenten.

Mama sagt: Trau nicht nur schönen Augen
oder denen, die dir welche machen.
Frag nicht so viel. Liebe kennt
keine Verträge. Und Kind, tu nicht so, als ob
das Leid der Welt auf deinen Schultern läge.
Du liest zu viel. Und du träumst zu lang. Du
läufst zu schnell und du glaubst nicht dran.

Mama sagt: Trau niemals einer Zahl auf
einem Stück Papier. Mit jeder Null mehr
wird nicht Gehalt, sondern Fallhöhe

gehaltvoller, du wärst nicht die Erste, die
sich auf einer Karriereleiter die Knochen
bricht. Du brauchst kein Haus, keinen
Baum und keinen Bausparvertrag, du
brauchst keine Bauchschmerzen schon
morgens vorm Aufstehen, weil ein Job dir
jemals so viel Mühe machte. Nur,
wenn du Schlips und Kragen nicht freiwillig
anziehst, werden sie dir die Kehle
zuschnüren.

Wenn du glaubst, du kannst nur verlieren, ist
der Protest vertane Zeit. Ich flehe
dich an, geh auf die Straße, ich flehe dich an,
sei zum Kampf bereit. Nichts wird
fair bleiben. Herzlich willkommen. Der Ernst
des Lebens ist genau noch einen
Atemzug weit.

Mama. Meine Lippen sind
hyperhitzebeständig, ich hab mir den Mund schon
So oft verbrannt. Ich brauche keine
Hilfe, ich habe mir Zehen und Finger in
U-Bahnschächten nächtelang rau gerannt.
Ich will keine Versprechen. Ich trage
Herzen auf Händen und hatte den Ernst des
Lebens doch noch Dekaden aus

meinen Kleidern verbannt.
Weißt du Mama,
ich schnüre mein schönstes Paar Schuhe
und mit keinem Schritt, den ich tu, wird die
Welt noch gerechter.
Nur die Kneipen verklebter und die Toten
echt echter.
Ich schnüre mein schönstes Paar Schuhe
und lauf auf recht kleinen Sohlen auf recht
zerlaufenen Pfaden,
weil ich da nicht anders sein brauch,
wo tausend andre vor mir anders waren.

Mama sagt: Hab immer mindestens einen
klaren Gedanken und ne Handbreit
Wasser unterm Kiel, ich wünsche dir nicht
alles Gute, ich denke, das wär dir zu viel.

Mein Vater ist auch weise, redet aber lang nicht so viel wie meine Mutter. Für diesen Text musste ich also etwas sammeln. Solche pathetischen Ratschläge rutschen ihm nämlich zwischendurch raus, wenn wir zum Beispiel zu Besuch in seiner alten Studentenstadt sind und er dann retrospektiv die Häuserwände anschaut und ein bisschen wehmütig wird.

Papa sagt

Papa sagt:
Kind, du bist König Midas: Alles, was du
anfasst, wird zu Gold. Deine Haare haben
vielleicht die Farbe verloren, aber du redest
dir einfach ein, du hättest das so gewollt.
Du bist schamlos. Und arrogant.
Deine Nasenspitze hast du dir schon mehr
als einmal an der Sonne verbrannt. Du
verlierst dich in Straßenverläufen und
schlägst dir
sämtliche Knie an Weggabelungen auf.

Du fürchtest dich
Vor durchgearbeiteten Nächten, vor
goldenen Löffeln und vor geschüttelten
Händen
Du verlierst den Kopf, sobald dich jemand
köpfen will
Und manchmal wirkst du herzlos,
weil dann wird alles an dir, selbst dein
Pulsschlag, still.

Kind, du bist Peter Pan,
nur dass du Furcht vorm Fliegen hast.
Ich kann nicht fassen, dass du in deinem
Alter nichts außer Bodenhaftung hast.

Ich weiß nicht viel – nur alt wird man schnell genug.
Pack dir den kleinsten Rucksack und setz dich in irgendeinen Zug.
In fremden Städten
Verliebt man sich leichter
Mir ist es tausendmal passiert,
und ich habe es nur ein einziges Mal gewollt.

Schon vor dem nächsten Pausenschlag
Schon vor dem nächsten Kribbeln
In deinen Handflächen,
noch bevor du dich das nächste Mal fragen kannst, wann endlich wieder Sommer wird,
trägst du Bundfalten durch deine Stadt spazieren,
und trägst Ledertaschen
in den Fingerbeugen
um dein unwichtigstes Hab und Gut im Lauf der Zeit
nicht zu verlieren.

Kind, du bist Alex,
den Knüppel in der Hand.
Du brüllst und du trittst und du spuckst
Schmierst schlimme Parolen an jede Wand.
Für die meisten wird das Leben ein Uhrwerk sein.

Ich will, dass du dir den Sekundentakt aus den Gliedern klopfst.

Weißt du, was dir gut stehen würde? Sei der Sand.
Ich will, dass du diejenige bist, die jede Pore von dieser Maschine verstopft.

Kind, du bist furcht- und schamlos.
Und, ja ich weiß, du denkst, du hast nichts zu verliern.
Kind, wovor hast du dann Angst? Sei froh.
Du hast nichts zu verliern.

Fluchtpunkt
Für D.F.S.

Solange ich nicht so unglücklich bin, wie ich
aussehe, ist alles völlig in Ordnung.

Weil selbst Schiebetüren dir im Weg stehen
Wenn dein Bier schon lange verschalt
Und deine Fahne an der Hausfront von
Fremden geklaut:
Meine Liebe, ich fang dich auf.

Dein Horizont ist ein Fluchtpunkt
Der nur noch vor dir selber flieht
Dein Leben: ein Desaster, das dich
mittlerweile weniger in Klubs als viel eher in
Kirchen zieht.
Deine Zähne hast du fast alle beinahe mal
verloren
In Prügeleien, in denen es nie um Nichts
geht
Dann bist da höchstens noch du, der neben
dir steht.

Es gibt Tage, da sind deine Schultern
zu schwach für das Hemd, das du dir
überziehen willst
Und du schließt zwischen jedem Augenblick

deine Lider länger als nötig
Und du umschließt deine Handgelenke aus
Angst vor Armbanduhren und der Zeit, die
sie mit sich bringen
und dem Erwachsenwerden mit dem
Liebeskummer, den du jeden Morgen in
S-Bahnen siehst

Und du schläfst in den Nächten nicht
Und dann frühstückst du
den guten Cabernet
Und du bist seit 5 Jahren da, wo du in 10
Jahren sein wolltest
Du bist keine 30 und dein Herz wirft schon
Falten und das tut dir so weh.

Ich habe mal gehört, die Wichtigsten Sachen
passen nicht in Aktentaschen

Nach jedem zweiten Wort verlierst du die
Geduld
Und fährst dir mit der Zunge über die Zähne
Sieh an: Alle sind da und doch alle fast
beinahe mal verloren
In Prügeleien, in denen es nie um
Nichts ging
Weil dein Herz früher so schnell an vielem
und dann für immer hing.

Es gibt Tage, da verleiht dir nicht mal der
gestärkte Kragen die Haltung, die du
brauchst
Du kannst die Anzüge, die du trägst, einfach
nicht ertragen.
Auch wenn du immer neue davon kaufst:
Meine Liebe, ich fang dich auf.

Ich gebe zu: Gerade die Beatbox-Einlagen wirken gedruckt nicht so gut wie auf der Bühne.

Wie in jeden anderen Bereich des Lebens gibt es auch in der Slam-Szene Trends, die sich epidemisch in alle Ecken des Landes verbreiten. Das waren schon Witze über die FDP, Vegetarier, Texte über das Dasein als Reisepoet oder eben Beatboxing. Es gab ein paar Monate, in denen nahezu jeder Text, den man auf Slams zu hören bekam, gebeatboxt wurde. Ich war genervt – und auch ein bisschen neidisch. Denn ich bin mit Abstand die schlechteste Beatboxerin der Welt. Und nur aus der Idee raus entstand der Text.

Scooter-Remix

Schlechte Beatbox-Einlage
Natürlich kann ich nicht beatboxen, aber
was hättet ihr gemacht?
In einem Auto, für vier Wochen
keiner hat an CDs gedacht und das einzige,
was man im Handschuhfach findet, ist ein
Scooter-Remix.
…
Beatbox
…
Eins.
Stopp.
Manchmal geht uns die Luft aus, denn
unsere Köpfe hängen auf Autobahnen,
unsere Frisuren sitzen nicht richtig.
Hyper hyper
Immer eine Hand am Scheitel
Immer ein Ohr am Horizont: Mal sehen, was
danach kommt.
Hätten wir nicht einen dabei, der nüchtern
bleibt, wir würden nicht akzeptieren, dass
der Horizont immer gleich weit weg bleibt.

*Horizont Hurensohn, isch fahr schon voll lang
auf disch zu, und du bist immer noch dahinten,
bist du so fett oder tust du nur so? Isch haben*

Butterfly okay, provozier misch net

Wir fahren ans Meer, mieten uns Surfbretter,
obwohl wir gar nicht surfen können.
Eat this, Wellengang, uns wirst du
nie bekommen!
Unsere Hände surfen auf
Stromlinienfahrtwind, wieso sollen wir uns
dann noch nass machen?
Außer mir ist keiner Bademodenmodel!
(hallo?!)
Aber betrunken sehen wir alle gleich gut
aus.
Wir liegen im Sand und trinken warmen Gin
Tonic aus PET-Flaschen, der beste Drink, den
wir uns in diesem Moment vorstellen
können.

Wenn man Gin Tonic in der Sonne anschaut,
dann schimmert er bläulich, das liegt an den
Molekülen, weißt du.
Und wenn man Gin Tonic in der Sonne trinkt,
dann wird man bläulich, das liegt an den
Molekülen, weißt du.
Wir kippen shots und ich flüstre dir ins
Ohr: shots heißen shots, weil man sie bei
shotnights trinkt …

Wenn man Gin Tonic in der Sonne anschaut,
dann schimmert er bläulich, das liegt an den
Molekülen, weißt du.
Und wenn man Gin Tonic in der Sonne trinkt,
dann wird man bläulich, das liegt an den
Molekülen, weißt du.
Wir kippen shots und ich flüstre dir ins
Ohr: shots heißen shots, weil man sie bei
shotnights trinkt ...

Bäng bäng, you shot me do – SCOOTER-REMIX!
Hey Mister Marktman: How much is the
fish? Hm, so viel ... dann gibt's eben wieder
Döner! DÖNER-REMIX!

Satt und angetrunken laufen wir durch die
Gassen dieser Stadt.
Und jedes Abo das mir angeboten wird,
schließe ich ab.
Jeder AIDS-Waise, der mir angeboten wird,
ich schließe ihn ab,
jedes Abo, das mir angeboten wird, ich
schließe es ab,
jeder FDPler, der mir entgegenkommt, den
schieße ich ab.
Buddhistische Mönche schenken uns Bücher
mit Postkartensprüchen und wollen dann
doch Geld dafür haben.

Lieber mit dem Fahrrad zum Strand als mit dem Auto zur Arbeit.
Ich weiß nicht so genau, was Arbeit ist, aber es klingt voll anstrengend,
lass mal an' See gehen.
Denn wir sind müde.
Denn jeden Morgen stellen wir aufs Neue fest: In fremden Betten schläft es sich schlecht.
Statt Geld trage ich nur Hochmut in den Taschen:
hey mister Bahnhofsbäckermann!
Ich tausche eins von deinen trockenen Brötchen gegen einen schlechten FDP-Witz!
Da hat doch dann keiner von uns was davon!
Wenn ich dieses Frühstück in diesem Hostel hier von einer Skala von eins bis zehn bewerten müsste, wobei eins bedeutet, dieser Kaffee hätte niemals gemahlen werden dürfen, dann würdet ihr eine minus zehn bekommen, du Opfer!

In jedem Stadtpark finden wir neue Freunde, ich spiele mit kleinen Kindern Brennball und werde neunte.
Wir fragen Obdachlose, ob sie Kleingeld für uns haben, und machen Straßenmusik
what if god would be one of us, just a stranger

like one of us
…
klappt nicht.

Wir fallen auf Hütchenspieler rein, der Typ
vor mir hat doch auch gewonnen,
was geschieht!
Deswegen sind unsere Knie auch
aufgeschlagen und wir haben Flicken auf
den Knien,
durchgelaufene Socken und
Löcher im Blick.

Wir verlieren langsam den Weitblick vor
Müdigkeit, Heimweh und Liebeskummer.
In jeder Stadt verliebe ich mich zweimal
unsterblich,
gestern Nacht habe ich dir den Refrain von
wonderwall auf den Arm geschrieben,
du hast mir einen Kanye-West Song ins Ohr
gebrüllt:
*we could get lost tonight, you could be me
black kate moss tonight.*

Jaaa, ich wollte sowieso grad gehen, wir
gehen jeden Abend zu Atzen-Nächten, wo
alle bitches freien Eintritt haben, weil wir
denken:

Nice. Freier Eintritt.

Morgens dann
Schadensbegrenzung in Kaffeetassen.
Tauben sitzen auf Bahnhofshäuschen, ich
wünschte sie mir aus Ton, sie picken sich ihre
müden Köpfchen kaputt, bisher haben sie
nur meinen verschont.
Hier ist nie Ruhe, die Stadtbahn stinkt nach
Schienenersatzverkehr, ich wünschte, dass
der Stadtplan ein wenig größer, die Stadt
dafür ein wenig kleiner wär.
Gestern Nacht haben wir wieder die Straßen
zu unseren Betten und den größten Unsinn
gemacht.
Unterarm bestempelt und die Handflächen
zerkratzt,
drei Wochen Roadtrip: wieder nur Leute,
wieder nur eine Stadt.
Wir haben uns die Übermütigkeit am
Horizont abgeschlagen,
wir haben uns glücklich gesoffen und
bankrott getanzt.
Das letzte Kleingeld in den Taschen geht im
Spätkauf für eine Runde Caprisonne drauf.
Aber das macht nichts.
Wir denken nicht an morgen, denn morgen
ist noch nicht.

Denk nicht an die Uni, denk einmal nur an dich.
Wozu heißt es Leben, wenn du nichts erlebst,
warum vergeht die Zeit, wenn du ständig stehst.
Wozu der Rucksack, wenn du kein Rückgrat hast,
wenn du keine Reisen machst, wozu der Reisepass?

**Verschwende deine Jugend, verjubel all dein Geld,
den Alten gehören heut die Häuser, und uns gehört die Welt.**

Stadtgedicht

Wenn du tust, was du sagst, und sagst,
was du denkst, weil du einmal in deinem
Leben für irgendwas brennst, dann ist kurz
Ruhe, und die Alten in ihren hohen Etagen
sterben für einen Moment. Wenn du tust,
was du sagst, und du dich fragst, wer dich
lenkt, weil nicht mehr bei jeder Bewegung
dein ehrliches Herz in der traurigen Brust dir
brennt, dann sei kurz still, weil gerade jetzt
der Lauf der Zeit dir davonrennt.

Du sagst:
Das einzige, was heutzutage noch vertretbar
ist, sind Knieprothesen, sie sind der einzige
Beweis, deine Beine, samt Gelenken, sind
einmal wirklich in Betrieb gewesen. Du
kannst das alles hier streichen, selbst
Bukowski hat seine Scheiße nüchtern
Korrektur gelesen. Ich kenn die Clubs, nur
Einlass krieg ich nicht, still Schönheit, ein
Stadtgedicht.

Ich mein: Schau dich um

Du sagst:
Schau dich um. Alles glänzt. Schau dich um.

Alles glänzt. Schau dich um. Alles um uns rum glänzt. Im Kino hätte das jeder längst bemängelt. Schau dich um. Alles glänzt. In Wirklichkeit sind die Straßen aus Dreck, nur unser Augenlicht aus Gold, vertreib den Rausch aus den Adern, Freund, man hat uns einmal nüchtern gewollt. Wo bist du? Ich bin hier, wo ich bei jedem Augenaufschlag nur allein bin, weil jede Straßenader in die gleiche Richtung schwimmt, wo die Häuser aus Nassbeton gegossen sind, wo jeder Taugenichts dasselbe Lied von Verlornsein singt. Ich trample tiefnachts durch völlig verdummte Alleen, um den allerersten Zug aus diesem gottverdammten Ort zu nehmen. Ich hasse alle Orte, weil an allen Orten alle immer über allem schweben. Und weil alles glänzt. Das ist immer die Frage, nicht. Die Frage ist immer, wer den Aufstand probt. Die Frage ist immer, welche Schuhe du trägst und wie viel du im Monat für deinen Handyvertrag bezahlst. Die Frage ist meist in Bassdrops verpackt und die Wahrheit gleich mit, die man dann auf einmal in Nachtclubs erkennt. Mit Räuschen in Armen und Beinen steht man sich Kopfsteinpflaster in den Bauch und schwört, dass der Horizont irgendwo bestimmt endet.

Musik

Track 1

Du denkst nichts Böses und plötzlich liegt
die Welt um dich rum in Schutt und Asche.
Statt klaren Gedanken trägst du nur noch
eine Melodie im Kopf.
Du denkst: Wäre das die Apokalypse heute,
sie hätte einen super Soundtrack! Kein
schlechter letzter Tag.
Und du drückst zum gefühlt hundertsten
Mal auf Repeat, weil, solange dich die
Gänsehaut nicht loslässt, lässt du die Musik
nicht los.
Und plötzlich hängen alle Fahnen auf
halbmast und du hörst Moll und die Welt
trägt Trauer.
Über gute Musik lässt sich einfach nicht
streiten.
Sie lässt sich nur machen.
Sie hat nichts damit zu tun, in welche Clubs
du gehst oder welche Shirts du trägst,
sie braucht keine Videos mit nackten Frauen
oder Awards.
Sie hat nichts mit Coolness zu tun.
Gute Musik ist nicht cool. Und coole Musik
selten gut.

Gute Musik ist der Soundtrack eines ganzen Sommers.
The bittersweet between my teeth, trying to find the in-between
Oder eines Tags oder auch nur
eines Moments.
Welcher Song war deine letzte Klassenfahrt?
Bei uns es ging nach Sylt und bekloppterweise hörten wir Westerland von den Ärzten in Dauerschleife, wir hatten ja keine Ahnung.
Und wenn du dann wieder zufällig auf irgendeinen Song stößt und wieder mittendrin bist in der allerersten Liebe oder dem Abitur oder dem Sommer in Italien, dann träumst du vor dich hin und ja, du siehst dabei ein kleines bisschen dümmlich aus.
Aber das ist in Ordnung. Musik schließt Frieden ohne Verträge,
sie schreibt Geschichte ohne Krieg und sie verbindet Menschen ohne Worte.
Wie pathetisch! Ja!

Track 2
Und du drückst auf Repeat und du schaust dich um, und die Welt glänzt.
Gute Musik reißt Schablonen in Herzen ein und unterlegt Erlebnisse mit diffusen Gefühlen.
Manchmal erschüttert sie uns in Grundfesten und gibt uns Töne für Gefühle, für die wir bis jetzt noch keine Worte finden konnten.
Gute Musik hat bittersüß erst erfunden und Liebeskummer jeder Generation mindestens einmal ins Herz geschrieben.
Unsere Großeltern weinten zu Peter Alexander, unsere Eltern weinten zu den Beatles und wir weinen zu … Lady Gaga oder so.
Liebeskummer-Musik ist vergänglich, aber es wird schon seine Gründe haben, dass good old evil Beethoven schon ein paar hundert Jährchen tot ist und trotzdem immer noch gespielt wird.
Wir sind jung und wir sind hektisch und manchmal fühlen wir Dinge, für die brauchen wir eben ein ganzes Orchester.
Weil eine Drei-Mann-Band deinem Kopf eben nicht immer das Wasser reichen kann.
Gute Musik begleitet dich. Sie macht lange

Busfahrten zu Trailern für kitschige Filme mit dir in der Hauptrolle,
sie macht Zugfahrten zu stundenlangen Abschieden.
Ich gehe lieber ohne Winterjacke als ohne mp3-Player aus dem Haus.
Ohne musikalische Untermalung sind Häuserblöcke weiterhin Betonbauten, doch mit Stöpseln im Ohr fühle ich mich dann wie SIDO.

Nebel liegt auf den Straßen. Deine Schritte folgen einem Takt, der ganz alleine deiner ist,
heute sind Menschen nur Nebenrollen und bei der Lieblingsstelle deines Lieblingsstücks stehst du zwischen einstürzenden Neubauten und die Welt liegt in Asche.
Und du denkst nur: kein schlechter Soundtrack für den allerletzten Tag.

Du sagst:
Die Frage ist immer, welche Rolle du spielst,
und ob du massentaugliche Weisheiten
andern ins Ohr brüllen kannst, wenn
draußen das Leben tobt. Die Frage ist immer,
wie viel Bier wie viel wettmachen kann
und warum eigentlich. Die Frage ist, ob du
nichts in Mundhöhlen und Gläserrändern
fremder Menschen vergisst. Die Frage ist,
meist in Pillen gepresst, auf versiffte Sofas
in Vorzimmern von floors geraucht, was du
wirklich brauchst. All die Lichter, sagt du.
Und nie Ruhe. Die Menschen, sagt du, die
Tage sind aus Ton.

Du sagst:
Sophie, ich möchte nicht mehr nach
Wegen fragen. Ich möchte weg, doch
nicht die ersten Schritte wagen. Die Stadt
erdrückt mich. Ich sammle Augenringe und
abgelaufene Schuhsohlen, und dabei will
ich nur meine Ruhe. Ein einziges Mal meine
Ruhe. Alles, verdammt noch mal alles glänzt.
Die Becksbierflaschen, die Dunkelziffern, die
Smartphonedisplays, die Hochglanztaschen,
die teuren Schuhe, die an den noch teureren
Füßchen stecken, machen das Laufen
wirklich schwer. Wie viele Leute könntest du

beeindrucken, wenn die ganze Welt blind wäre. Wie viele Leute wären noch draußen, wenn man hier und jetzt verkünden würde, dass die große Liebe im Allgemeinen tot ist. Die Clubs wären leer, die Bars eben auch, die Kneipen erst recht, voll kaltem Rauch.

Unser Bier schmeckt lang schon schal, unsere Narben jucken nicht mehr, hat man erst mal alles gehabt, gibt es das Wort alles nicht mehr.

Nur mal angenommen, die Zeit bliebe stehen, wer würde sich noch Mühe machen, mit der Zeit zu gehen? Ne, das wär ja auch albern.

Du sagst:
Unvernunft findet man in klebrigen Kneipen vor wichtigen Klausuren auf Theken ihr Unwesen treiben. Du schaust dich um, und die Welt glänzt, Hochglanz, deine Fingerkuppen hat man dir letztes Jahr verchromt. Du schaust dich um und siehst deine Felle dir langsam aber sicher abhandenkommen, weil alles mit dem Strom geht und nur du stehst. Wenn du dich umschaust von Haus zu Haus, bis Mensch und alles einerlei ist, weil dir alles egal geworden ist, und das Sprechen

langsam aber sicher zu reden verkommt, weil du ernst Worte in Mundhöhlen und Gläserrändern fremder Menschen vergisst, dann falte deine Hände und all deine Herzen, weil du endlich mal auf keinem Weg bist. Schau dich an. Wie dir endlich mal jede Richtung fehlt. Wie sich ohne Kompass und Sextant ein Mensch aus seinen Schuppen schält. Und wenn du schon so pathetisch bist, betrunken nachts, und sagst, das ist der Mensch, den du liebst, dann hol ihn dir auch. Unser Augenlicht aus Gold, und diese Welt hier aus Staub. Uns fallen Sonnenstrahlen in die Hände. Mehr haben wir nie gewollt, es gibt niemanden, der uns mehr verspricht. Still, Schönheit, ein Stadtgedicht.

    Wenn du tust, was du sagst, und du dich fragst, wer dich lenkt, weil nicht mehr bei jeder Bewegung dein ehrliches Herz in der traurigen Brust dir brennt, dann sei kurz still, weil gerade jetzt der Lauf der Zeit dir davonrennt. Wenn du tust, was du sagst, und sagst, was du denkst, weil du einmal in deinem Leben für irgendwas brennst, dann ist kurz Ruhe.

Man merkt es mir nicht immer an, aber ich bin eine durch und durch zynische Natur. Meistens versuche ich das zu verstecken – aber manchmal muss ich es eben auch rauslassen. Wenn du diesen Text durchliest und dir an manchen Stellen an den Kopf packst und dich fragst, was das alles zu bedeuten hat: Das soll so sein. Das ist Performance Poesie, die lebt ... von der Performance. Also falls du mich mal bei einem Slam treffen solltest, bitte mich einfach, den Text vorzutragen. Dann schließen sich die Verständnislücken und dein Mund wieder.

Mir sitzt der Wahnsinn auf der Schulter

Wenn man wirklich immer so aussieht, wie man sich fühlt,
dann sollte ich mir besser eine Tonne Scheiße ins Gesicht schmieren und mir mit einem Schweizer Taschenmesser die Haut von den Fingerkuppen schälen.
Ich stehe morgens auf und frage mich: Mit welcher Berechtigung, mit welcher Berechtigung machen zwei Brüder, die sich selbst die Huber buam nennen,
Werbung im deutschen Fernsehen.
Werbung für: keine Ahnung wofür, ich habe nämlich kein Wort verstanden.

Wuhahahah SPEEDKLETTERER wuhubhaha

Mit welcher Berechtigung spielen Unheilig bei Wacken und nicht beim Frühlingsfest der Volksmusik?
Mit welcher Berechtigung haben fucking Joko und Klaas ihre fucking eigene Late-Night-Show und ich trete immer noch bei Slams auf.

Nicht, dass Slams nichts Gutes wären.

Aber manchmal wache ich morgens auf und denke:
Nein, Sophie, kein Grund zur Panik. Beweg dich, ernähr dich ausgewogen und iss jeden Tag einen Activia, der unterstützt den Schiss.

Ja! Ich bin ein Mädchen und habe trotzdem Schiss gesagt.
Mir sitzt der Wahnsinn auf der Schulter!

Wisst ihr was: Reißt euch zusammen!
Wenn ihr meint, dass Mädchen nicht Schiss sagen dürfen, dann solltet ihr meine Mutter kennen lernen.
Ich mache mittlerweile Mutterwitze über meine eigene Mutter.
So weit ist es schon gekommen.
Eure Mütter sind doch ohnehin Steilvorlagen.
Warum lachen überhaupt immer alle über Mutterwitze. Ist das lustig?

Ja, soooo lustig. Aber auf Englisch ist der Witz noch viel besser.
Alle Witze sind auf Englisch immer viel besser.

Du musst dir die Serie unbedingt auf Englisch anschauen.
Auf Englisch.

Die Serie verliert so viel in der Übersetzung.
Ja, richtig, die Fremdsprache.

Was, du guckst die Simpsons auf Deutsch an? Darüber kann ich gar nicht lachen.
Ich bin jung und anglophon.

Wir haben ein Herz für Minderheiten und Kinder und Tiere und Kinder mit Lernschwächen und sozial Benachteiligte und Kinder aus sozial schwachen Familien, aber wir haben in unserer neoakademischen Arroganz kein Verständnis dafür, wenn jemand kein Englisch spricht.

Wusstest du, dass Carglass in Amerika Autoglass heißt?

Wenn du eine Windschutzscheibe bist, wäre ich gerne ein Stein. Mir sitzt der Wahnsinn auf der Schulter.

Mir sitzt der Wahnsinn auf der Schulter
Part 2

Reißt euch bitte zusammen!
Das ist der Satz, den ich jeden Tag am häufigsten denke. Reißt euch zusammen!

STARBUCKS
Hühüh, also das ist ja kompliziert hier, ich will eigentlich nur einen Kaffee trinken, kann ich das hier auch kriegen, einfach Kaffee, höhöh. Ich brauche keine flavours!

Bitch! Wenn du findest, dass deine Unfähigkeit, das Bestellsystem bei Starbucks zu durchblicken, dich irgendwie sophisticated oder bodenständig macht, dann muss ich dich enttäuschen.
Bei jedem Kackdöner hast du Sonderwünsche

Bitte ohne Krautsalate und die Soße ohne Dill und sind Ihre Tomaten helal?

Aber bei Kaffee bist du auf einmal ganz einfach gestrickt. Einfach Kaffee, jaaa? Wie, du trinkst mit Milch und Zucker? Du Snob! Reiß dich zusammen! Wenn dir im sechsten

Semester Lehramt auffällt, dass du
Kinder nicht leiden kannst und dass du jetzt
auch nicht noch mal dein Hauptfach
wechseln kannst, weil du sonst kein Bafög
mehr kriegst, und deine Eltern
unverständlicherweise langsam
ungemütlich werden, dann kann ich dich
verstehen.

Setz dich zu mir, gemeinsam finden wir eine
Lösung für ein Problem, das du bist.
Vielleicht gehst du ja mal zur
Studienberatung.
Ooooder vielleicht reißt du dich auch einfach
einmal zusammen.
Ob du jetzt weiter studierst und dreißig
Jahre einen Job machst, den du hasst, oder
ob du jetzt abbrichst, Sozialwissenschaften
studierst und dann keinen Job findest,
den du hassen könntest, ist unterm Strich
egal.

Jaaa, zur Not gehe ich einfach in die
Öffentlichkeitsarbeit, public relations, jaaa,
oder
in den Journalismus. Jaaaaa, mein
Studienschwerpunkt ist ja breit gefächert.

Die traurige Wahrheit ist: Wenn dein
Studienschwerpunkt breit gefächert ist,
dann
hast du vergessen, einen zu wählen.

Von mir aus: Geh in den Journalismus.
Journalisten gibt's auch wirklich zu wenige.
So werdet ihr, wenn ihr euch
nicht zusammenreißt!
Ja. Mama und Papa hatten mehr Zeit zum
Studieren.
Und da war die Uni auch noch nicht
so verschult.
Und deswegen weint ihr euch jetzt aus.
Dafür haben Mama und Papa …
Also vielleicht, vielleicht verschiebst du
deine Fahrradtour nach Marokko oder dein
integratives Hilfsprojekt in Schwäbisch Hall.
Und vielleicht schreibst du deine
Bachelorarbeit doch noch dieses Jahr.

Aber ich bin mir gar nicht mehr sicher, ob
VWL mir wirklich nicht gefällt. Natürlich
gefällt VWL dir nicht mehr, es ist fucking
VWL.

Mir sitzt der Wahnsinn auf der Schulter!

Kennen Sie Post-Party-Depression?
Es gibt Ereignisse, die so perfekt sind, dass man sich ewig drauf freut und dann schließlich nicht fassen kann, wenn sie vorbei sind. Dann weiß man nicht, worauf man noch hinarbeiten und wie man den grauen Alltag danach ertragen soll.
Dabei gilt die Regel: Je besser die Party, desto schlimmer die Depression.

Für Paul Zem, den weinerlichen König dieser Depression. Und auch ein bisschen für die exklusive Aachener Partygesellschaft.

—

Und plötzlich wachst du auf und du bist 30
und die grauen Haare an der Schläfe sind
mehr als nur eine Handvoll
und du hast fertig studiert
und dich fertig verliebt
und dein Herz gleicht,
so, wie es sich gehört,
eher einem Flickenteppich
als einem Intaktorgan.

Und plötzlich wachst du auf und du merkst,
ohne Schönrechnerei
dein Leben ist bald mehr als zur Hälfte
vorbei.
Und da ist rein gar nichts, auf das du noch
hinarbeiten kannst
keine Hausarbeiten, die du vertrödeln,
keine Seminare, die du verschieben kannst,
und du wachst auf,
und du bist seit 5 Jahren da, wo du seit 10
Jahren sein wolltest,
und du denkst, du hast genau gar nichts
erlebt.

Doch.

Einmal
da warst du für ein halbes Jahr
in Argentinien
im Auslandssemester
in Argentinien
IM AUSLANDSSEMESTER

Dir stand die ganze Welt offen
und du gehst nach Argentinien
Mutti ist sicher stolz auf dich

Und dein ganzes Leben kommt dir bisher
höchstens so lange vor
wie der Moment, wenn Daumen und
Zeigefinger das kalte Metall des Schlüssels
berühren
während du schwankend versuchst, ihn in
die eigene Haustüre einzuführen
Du hast wieder nicht zu Hause geschlafen
Du hast dich wieder erst kaputt gesoffen
und dann wieder krank verliebt.
Du hast dir schon so oft im Leben Mut
angesoffen
und so selten Mut bewiesen
und so viele unfassbar dumme
Entscheidungen getroffen
– dir selbst die Haare schneiden
– Sushi von Nordsee

– die Sache mit Argentinien
– Matratzen aus zweiter Hand

und du denkst dir:
Wann fängt endlich die Sache mit dem
Lernen fürs Leben an
wann höre ich auf, wieder und wieder in die
Scheiße zu greifen
ich habe soooo viel Lehrgeld gezahlt
und soooo wenig gelernt
selbst mein Bafög-Kredit ist nicht abbezahlt

und du wachst auf
und dein Konto ist immer noch Mitte des
Monats leer
weil du Anfang des Monats denkst:
Wooooooooohooooooooooo
und du wachst auf und fragst dich?
Wiiiiiiieesssssoooo?
Habe ich eigentlich nie spanisch gelernt?
Und wann höre ich endlich auf, VHS-Kurse zu
belegen, damit ich mich besser fühle, ohne
ein einziges Mal hinzugehen?

Und du wachst auf
und hast das letzte Semester
mit Videospielen verbracht
und dem Versuch

dich nur von Krupuk und Pepsi zu ernähren
und du schläfst wieder ein
und bist ein bisschen stolz auf dich

Und du wachst auf und fragst dich:
Wann hört eigentlich diese Sache mit den
ewigen Kompromissen auf?
Die ich mache, damit ich irgendwann keine
Kompromisse mehr eingehen muss?
Wie viele Jobs muss ich noch machen,
in denen ich scheiße bezahlt
und noch schlechter behandelt werde,
damit ich irgendwann einen Job haben kann,
in dem ich nicht scheiße bezahlt
und noch schlechter behandelt werde?

Und du wachst auf und denkst:
Mutti hat recht gehabt,
als sie gesagt hat:
Kind, studier' Wirtschaftsingenieurswesen
Bei Porsche brauchen sie immer Leute.

Und du wachst auf
und bist schon wieder auf einer Hochzeit
eingeladen
und obwohl du keine Kanapees mehr sehen
kannst,

gehst du hin und fragst dich:
Wieso kann auch nur irgendwer an die
ewige Liebe denken?
Wenn ich schon postkoital jede Beziehung
beende?
Was ist eigentlich falsch mit mir?
Wann kam man eigentlich aus dem Alter
raus, in dem man sich in alles verliebte, was
zurück lächelte?

Und du wachst auf
und bist viel älter, als sich alles anfühlt,
und du wachst auf,
und warst doch nur für einen winzigen
Moment eingenickt
in der kleinen Pause
kurz vorm Abitur
und dann noch mal im zweiten Semester
und du bist dir sicher, dass dein Leben exakt
höchstens eine Sekunde gedauert hat,
und das Einzige, was dir jemals lang vorkam,
waren die Zugfahrten
von irgendwelchen Partys, auf die du
Monate gewartet hast und die nach nur
einem Augenblick vorbei waren.
Und du sitzt in deiner Wohnung
und fragst dich:
Wieso ist das so?

Dass man monatelang arbeitet, um dann ein Wochenende Spaß zu haben?
Wer hat diese Quote entschieden? Welches Gesetz wurde da verabschiedet?
Und warum kündige ich nicht meinen Job und genieße mein Leben?

Und dann ist Montag und du gehst arbeiten.
Und manchmal ist das alles
wie ein retrospektiver Flügelschlag
der dein Hier & Jetzt
in Schutt & Asche legt.

Und du wachst auf und fühlst all das
noch vor dem ersten Wimpernschlag
und dir fallen unendlich viele Gründe ein
wieso du einfach weiterschlafen solltest

Aber du stehst auf
und wunderst dich, dass es nicht annähernd
so sehr weh tut,
wie es könnte

Seit einer Woche kennst du den Laden mit dem besten Espresso der Stadt
und auf deinem Handy wartet ein Satz, der sagt
   ich würde dich gerne wiedersehen

und in der Mittagspause
siehst du eine Wolkendecke
und nach der Arbeit
fährst du mit dem Fahrrad durch das
Gewitter nach Hause
wie damals in Argentinien
und du bist 30
und kannst dir endlich Schuhe aus echtem
Leder leisten
und Essen in echten Restaurants
und du bist grade mal 30.

Und alles wird gut.

Ich sollte ein Jugendkonzert für ein öffentlich-rechtliches Sinfonieorchester moderieren. Die spielten Beethoven und ich sollte sie mit Slam-Texten für junge Menschen attraktiv machen. So kam ich mal zu dem Vergnügen, mit 50 hervorragenden Musikern und 6 sündhaft teuren Flügeln auf einer riesigen Bühne zu stehen – vor knapp 1.000 Zuschauern. Das war eine wahnsinnige Erfahrung genauso wie ein Desaster. Zu den Jugendlichen – für die das Konzert immerhin gedacht war – gesellte sich auch das Stammpublikum: ältere Hochkultur-Herrschaften.

Die verließen noch mit dem letzten Taktstrich wütend und empört den Saal. Was hatte das junge Mädchen mit dem Piercing im Gesicht auf ihrer Bühne verloren?! Anschließend bekamen ich und die Orchesterleitung etwa zwei Wochen abwechselnd empörte und dann wieder beleidigende E-Mails. Trotzdem finde ich die Idee, Hochkultur und Poetry Slam in Konzepten zu verbinden, ganz hervorragend und nehme dafür auch Korrespondenz mit pensionierten Oberstudienräten in Kauf.

Nachwort

Slammer bekommen fast immer die gleichen paar Fragen gestellt. Wahrscheinlich weil die Antworten auf diese Fragen die Leute wirklich interessieren. Also:

Wie bist du zum Slam gekommen?
Durch Zufall. Ich habe in Freiburg, meiner Heimatstadt, ein Plakat für einen Poetry Slam gesehen. Ich hatte keine Ahnung, was das sein soll, und habe es zu Hause erst mal gegoogelt. Dann habe ich mir erst mal mehrere Monate youtube-Videos von Slammern angeschaut, bis ich mich getraut habe, selber mal mit einem Text auf die Bühne zu gehen. Das war im November 2009 in Freiburg. Ich habe den zweiten Platz gemacht und der Moderator Sebastian23 hatte wahrscheinlich Mitleid mit mir und hat mir erlaubt, noch mal zu kommen.
Der Rest funktioniert wie beim Schneeballprinzip: Jemand sieht dich, lädt dich ein, dann sehen dich noch mehr Leute, und auf einmal schaust du in deinen Kalender und stellst fest, dass du in diesem Monat 17 Auftritte hast.

Kann man davon leben?

Wenn man sehr, sehr wenig lebt, schon. Im Vergleich zu anderen Kunstformen ist Slam immer noch eine low-budget-Veranstaltung. Die Anzahl der Vollzeit-Slammer nimmt aber immer weiter zu. Aber die treten dann nicht nur auf, sondern veröffentlichen Bücher, geben Workshops, veranstalten selber Slams oder schreiben Auftragsarbeiten.

Ich habe mich bisher noch nie getraut, den Vollzeit-Versuch zu starten. Ich habe im echten Leben einen ganz normalen Job. Der hat aber auch viel mit Sprechen, Schreiben und Mikrophonen zu tun und gefällt mir mindestens genauso gut wie Poetry Slam.

Ist das Gewinnen wirklich wichtig?
Nein, das ist eigentlich nur dem Zuschauer wichtig. Wir Slammer wissen: Der beste Poet gewinnt nie. Oder es gibt überhaupt keinen besten Poeten. Oder der beste Poet hat ein paar Stunden vorher abgesagt. Man kann Kunst nicht vergleichen und in Zahlen bewerten. Dass Poetry Slam es trotzdem tut, ist eigentlich eine Unverschämtheit, es geht einzig und allein um Poesie.

Hast du einen Lieblingsslammer?
Ja. Lars Ruppel.

Sonst noch was?
Ja. Wir tragen keine Slams vor, sondern Texte. Der Slam ist die Veranstaltung, der Text das, was wir auf der Veranstaltung machen. Wir freuen uns immer über Freibier oder wenn ihr uns sagt, dass ihr die Texte mochtet. Am meisten freuen wir uns aber über Gage; das mit dem Applaus als des Künstlers Brot klingt zwar nett, zahlt aber nur mäßig die Miete.